Gott lädt uns alle ein

Frank Reintgen
Christine Willers-Vellguth
Klaus Vellguth

Der Erstkommunionkurs.

Hinführung zur Taufe

HERDER
FREIBURG · BASEL · WIEN

www.herder.de

Trotz intensiven Bemühens konnten für einige Texte die Quellenangaben nicht ausfindig gemacht werden. Manchmal liegt auch der Ursprung einer Idee im Dunkeln. Für Hinweise sind Herausgeber und Verlag dankbar.

Umschlagmotiv und Bild S. 7: Sieger Köder
© für den Erstkommunionkurs „Gott lädt uns alle ein": Verlag Herder GmbH, Freiburg im Breisgau

Illustrationen: Michael Ryba, Lenzkirch

Fotos: S. 9, 29, 44, 49: © Fotolia
S. 54: St. Michael in Freiburg-Haslach
(Helmut Lutz), © Berres-Stenzel

Notensatz: N. Veeser, Schallstadt

Gesamtgestaltung:
Berres-Stenzel, Freiburg im Breisgau
www.berres-stenzel.de

Herstellung:
Himmer AG, Augsburg

Gedruckt auf umweltfreundlichem, chlorfrei gebleichtem Papier

Printed in Germany

ISBN 978-3-451-32046-0

Inhalt

Vorwort

Das Wasser der Taufe
ist so nass,
dass es niemals
trocknen wird,
um dich ein Leben lang
und selbst darüber hinaus
vor dem Verdursten
zu retten.

Immer mehr ungetaufte Kinder begeben sich heute auf den Weg der Erstkommunion-Vorbereitung. In vielen Fällen hatten sich die Eltern dieser Kinder nach der Geburt zunächst gegen eine Säuglingstaufe ausgesprochen, da sie ihren Kindern den Glauben bewusst anbieten wollten, bevor die Kinder ihn schließlich annehmen. Im Rahmen der Erstkommunion-Vorbereitung kommt dann für manche der Kinder der Zeitpunkt, an dem sie getauft werden möchten.

Auch wenn die Vorbereitung auf die Kommunion (oftmals verbunden mit der Vorbereitung auf das Sakrament der Versöhnung) bereits äußerst anspruchsvoll und aufwendig gestaltet wird, wäre es zu schade, das Sakrament der Taufe mit diesen Kindern nur „nebenbei" zu feiern, ohne ihnen den Reichtum dieses Festes zu erschließen. Wenn es gelingt, den Kindern einen Bezug zur Tauffeier zu ermöglichen, wird diese einmalige Sakramentenfeier für sie (und auch für viele der getauften Kinder auf dem Weg zur Erstkommunion, die evtl. ebenfalls an der Tauffeier teilnehmen) zu einer eindrucksvollen Glaubenserfahrung, die ihnen nachhaltig in Erinnerung bleibt.

Die in diesem Taufkurs vorgestellten Wegstrecken stellen Angebote dar, wie Kinder im Grundschulalter angemessen auf das Sakrament der Taufe vorbereitet werden können. Dabei orientieren sich die neun Wegstrecken an der methodisch-didaktischen Struktur des Erstkommunionkurses „Gott lädt uns alle ein". Die Wegstrecken lassen sich je nach Situation vor Ort von der Katechetin so auswählen, dass Kindern die Bedeutung des Sakraments erschlossen wird. Einige Wegstrecken sind so konzipiert, dass sie sich an die ganze Erstkommunion-Vorbereitungsgruppe wenden. Andere Wegstrecken lassen sich sowohl nur mit den ungetauften Kindern als auch mit der gesamten Gruppe umsetzen. Didaktisch ist der hier vorliegende Taufkurs dabei in drei Schritte unterteilt:

Leben spüren: Inhaltlich führt der Taufkurs die Kinder in seinen drei individuellen Wegstrecken „Leben spüren" an den Symbolgehalt der Taufe heran und ermutigt sie, sich selbst auf einen christlichen Lebens- und Glaubensweg einzulassen.

Bibel teilen: Ein eigenes Motiv, das als Poster beiliegt, hat Sieger Köder für diesen Taufkurs gestaltet. Es greift die biblische Überlieferung der Begegnung von Jesus und den Kindern auf und stellt sie in einen Zusammenhang mit der Taufe. Die drei dazu entworfenen Katechesen bahnen den Kindern einen Weg hin zur biblischen Überlieferung und gehen darauf ein, dass Gott in der Taufe einen neuen Bund schließen wird.

Glauben feiern: Darüber hinaus werden Wegstrecken angeboten, die die Kinder an die Feier der Taufe heranführen und es den Kindern so ermöglichen, mit dem Ablauf des sakramentalen Geschehens vertraut zu werden.

Diese didaktische Strukturierung ermöglicht es den Katechetinnen, selbst Schwerpunkte zu setzen: Entweder auf der Erfahrungsebene der Kinder („Leben spüren"), auf der Sachebene („Bibel teilen") oder bei der Heranführung an die Liturgie („Glauben feiern"). Zu jedem dieser didaktisch miteinander verzahnten Themenfelder wird methodisch differenzierend jeweils eine meditative, eine handlungsorientierte und eine kreative Wegstrecke angeboten. Damit ergeben sich insgesamt neun Wegstrecken, die in folgendem methodisch-didaktischen Grundraster angeordnet sind:

Leben	*meditativ*
	handlungsorientiert
	kreativ
Bibel	*meditativ*
	handlungsorientiert
	kreativ
Feiern	*meditativ*
	handlungsorientiert
	kreativ

Als Orientierungshilfe wird zu Beginn jeder katechetischen Wegstrecke in diesem Taufkurs mit der Verortung der jeweiligen Katechese in diesem methodisch-didaktischen Raster gezeigt, welchen Charakter die jeweilige Wegstrecke besitzt. So kann die Katechetin sich je nach pastoraler Situation vor Ort und je nach eigener Akzentuierung der Taufvorbereitung ihren eigenen Taufkurs zusammenstellen und dabei die Schwerpunkte setzen, die mit Blick auf „ihre" Kinder sinnvoll sind.

Ihnen wünschen wir, dass Ihre Kinder während der Vorbereitung auf das Sakrament der Taufe den christlichen Glauben als das Fest ihres Lebens erfahren dürfen.

Christine Willers-Vellguth
Frank Reintgen
Klaus Vellguth

P.S. Da fast ausnahmslos Frauen die Aufgabe übernehmen, Kinder auf das Sakrament der Taufe vorzubereiten, wird in diesem Kurs stets von „Katechetinnen" gesprochen. Wir bitten vor allem die (wenigen) männlichen Katecheten um Verständnis für diesen Kompromiss, mit dem wir die mitunter sperrigen Formulierungen einer „inklusiven Sprache" vermeiden möchten.

Auswahl der Bausteine

Inhaltliche Akzente:
Drei unterschiedliche inhaltliche Akzente setzen die in diesem Kurs vorgestellten Bausteine. Während die ersten drei Bausteine „Leben spüren" erfahrungsbezogen bei den Kindern ansetzen, bahnen die drei folgenden Bausteine „Bibel teilen" den Kindern (mit Hilfe des Motivs von Sieger Köder) einen Zugang zur biblischen Überlieferung. Die drei Bausteine „Glauben feiern" bereiten die Kinder unmittelbar auf die Liturgie der Sakramentenfeier vor.

Methodische Differenzierung:
Zu jedem der drei inhaltlichen Akzente (Leben spüren – Bibel teilen – Glauben feiern) bietet der Kurs wiederum drei methodisch unterschiedliche Herangehensweisen an. Skizziert sind jeweils ein meditativ, ein handlungsorientiert sowie ein kreativ geprägter Baustein. Hier sind letztlich die Katechetinnen als „Expertinnen für ihre Kindergruppe" gefragt: Die Katechetinnen entscheiden selbst (evtl. in Abstimmung mit den anderen Katechetinnen bzw. mit Begleitung aus dem Pastoralteam), welcher der drei vorgeschlagenen methodischen Entwürfe ihnen und ihren Kindern den besten Zugang ermöglicht.

Eigenes Kursmodell:
Dadurch, dass die Katechetinnen selbst aus den hier vorgestellten Bausteinen auswählen, entsteht ihr eigenes Kursmodell, mit dem sie den Kindern im Rahmen der Vorbereitung auf die Taufe und die Erstkommunion sagen:

Gott lädt uns alle ein.

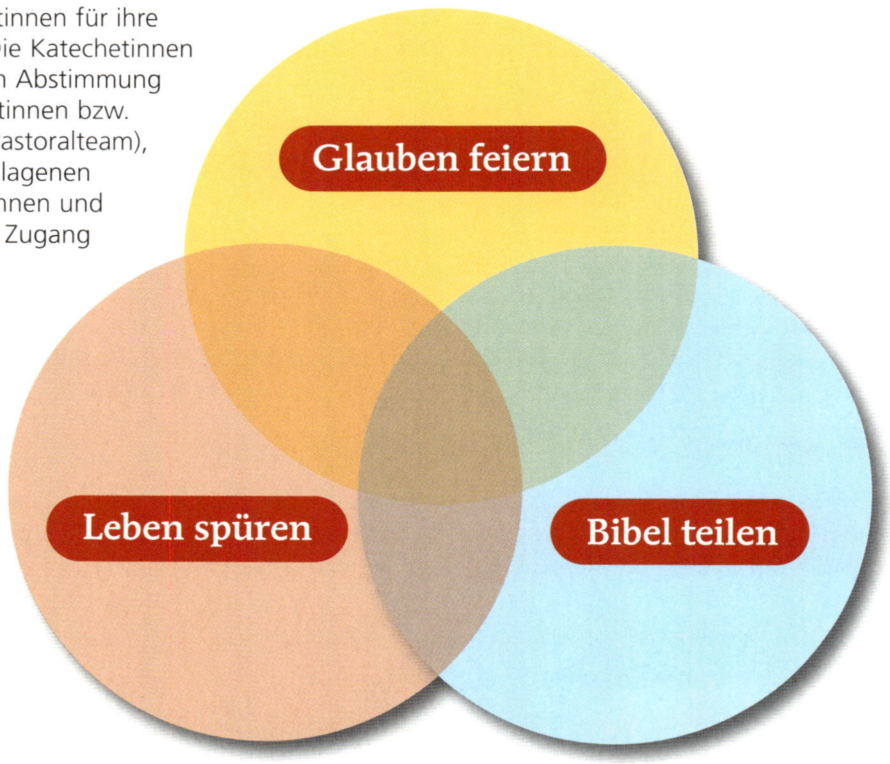

Wasser des Lebens

Materialien

- Rose von Jericho
- Plakat mit der Überschrift „Wasser ist Leben"
- Zeitschriften (als Collagematerial)
- Scheren
- Klebstoff
- Bibeltext zum Vorlesen
- blauer Kartonstreifen, der von beiden Seiten beschrieben ist (erste Seite: Jesus schenkt Wasser, zweite Seite: Jesus schenkt Leben).
- Kopien des Taufmandalas
- Lied: „Ohne Wasser können wir nicht leben"

Methoden

- Gespräch
- Erstellen einer Collage
- Singen
- Meditatives Malen

Ziele/Chancen

- Die Kinder erfahren die lebensspendende Kraft von Wasser.
- Die Kinder lernen die symbolische Bedeutung von Wasser in der biblischen Überlieferung kennen.
- Die Kinder bringen Wasser mit der Person Jesu in Verbindung.

Hinweise

- Die „Rose von Jericho" kann u. a. bei Rudolf Albrecht Kirchenbedarf GmbH, Rudolf-Diesel-Straße 42, 69190 Walldorf, Tel. 06227 / 819400, Fax 06227 / 30419, E-Mail: info@christlicheArtikel.de bezogen werden.

Inhaltliche Einordnung

- In der Überlieferung der Begegnung Jesu mit der Frau am Jakobsbrunnen wird das Wasser zum Symbol für das heilbringende Leben, das Jesus schenkt. Dieses Symbolverständnis stellt eine Voraussetzung dar, um das Sakrament der Taufe zu verstehen.

Ablauf der Einheit

Rose von Jericho

Zu Beginn der Einheit legt die Katechetin eine eingetrocknete „Rose von Jericho" in einen tiefen Teller. Sie lädt die Kinder ein, die Pflanze zu berühren, und informiert sie über diese Wüstenpflanze:

Die Rose von Jericho *(Anastatica hierochuntica, auch Wüstenrose genannt)* ist in den Wüstengebieten des Vorderen Orients, vor allem in Israel, Jordanien, auf dem Sinai und Teilen Nordafrikas beheimatet und wird auch „Auferstehungspflanze" genannt. Nach dem Eintrocknen wird diese Pflanze in den Wüstengegenden durch Winde aus ihrer schwach ausgeprägten Wurzelverankerung gerissen und kann kilometerweit rollen. Das Besondere an der Rose von Jericho ist, dass sie, sobald sie mit Wasser in Kontakt kommt, scheinbar zu neuem Leben erweckt wird, sich entfaltet und eine olivgrüne Farbe annimmt.

Die Katechetin nimmt kochendes Wasser (verwendet man kochendes Wasser, stellt sich der Effekt innerhalb von etwa zehn Minuten ein, sonst dauert es länger) und gießt es über die vertrocknete Rose von Jericho. Die Kinder können beobachten, wie die Pflanze unmittelbar auf den Kontakt mit Wasser reagiert, die Farbe ändert und sich entfaltet.

Wasser ist Leben

Die Katechetin überlegt mit den Kindern, wo ihnen überall Wasser begegnet. Vermutlich werden die Kinder zunächst benennen, wo das Wasser offensichtlich vorliegt: Im Bach, Fluss, Meer, Regen etc. Wenn diese Dinge benannt sind, kann die Katechetin den Blickwinkel der Kinder weiten:

- Wo kommt Wasser in Lebensmitteln vor? (Getränke, Gerichte, Gemüse, in allen Lebensmitteln ...)
- Wo kommt Wasser darüber hinaus in der Natur vor (in allen Gewässern, Pflanzen, Böden, in der Luft ...)
- Wo nutzen wir Wasser? (Lebensmittel, Waschen, Duschen, Baden, Schwimmen etc.)

Die Katechetin legt ein Plakat mit der Überschrift „Wasser ist Leben" in die Mitte. Sie lädt die Kinder ein, diese Aussage zu deuten. Nachdem sich die Kinder dazu geäußert haben, verteilt die Katechetin Zeitschriften, Scheren und Klebstoff. Sie bittet die Kinder, aus der Zeitschrift all die Fotos auszuschneiden, auf denen Wasser unmittelbar zu sehen ist oder auf denen „sich Wasser versteckt hat". Die Kinder werden im Rahmen der Arbeit an der Collage erleben, dass Wasser überall ist. Nachdem die Kinder ihre Collage beendet haben, lässt die Katechetin die Kinder erzählen, warum sie die verschiedenen Bildteile in die Collage aufgenommen haben.

Jesus als Wasser des Lebens

Nachdem die Kinder erfahren haben, dass Wasser die Voraussetzung für alles Leben ist, bittet die Katechetin drei Kinder, die folgende biblische Überlieferung (Joh 4,5–15) mit verteilten Rollen (Erzähler/in, Frau, Jesus) vorzulesen:

Erzähler/in:
Jesus kam zu einem Ort in Samarien, der Sychar hieß und nahe bei dem Grundstück lag, das Jakob seinem Sohn Josef vermacht hatte. Dort befand sich der Jakobsbrunnen. Jesus war müde von der Reise und setzte sich daher an den Brunnen; es war um die sechste Stunde. Da kam eine samaritische Frau, um Wasser zu schöpfen. Jesus sagte zu ihr:

Jesus:
Gib mir zu trinken!

Erzähler/in:
Seine Jünger waren nämlich in den Ort gegangen, um etwas zum Essen zu kaufen.

Frau:
Wie kannst du als Jude mich, eine Samariterin, um Wasser bitten?

Erzähler/in:
Die Juden verkehren nämlich nicht mit den Samaritern.

Jesus:
Wenn du wüsstest, worin die Gabe Gottes besteht und wer es ist, der zu dir sagt: Gib mir zu trinken!, dann hättest du ihn gebeten, und er hätte dir lebendiges Wasser gegeben.

Frau:
Herr, du hast kein Schöpfgefäß, und der Brunnen ist tief; woher hast du also das lebendige Wasser? (...)

Jesus:
Wer von diesem Wasser trinkt, wird wieder Durst bekommen; wer aber von dem Wasser trinkt, das ich ihm geben werde, wird niemals mehr Durst haben; vielmehr wird das Wasser, das ich ihm gebe, in ihm zur sprudelnden Quelle werden, deren Wasser ewiges Leben schenkt.

Erzähler/in:
Da sagte die Frau zu Jesus:

Frau:
Herr, gib mir dieses Wasser, damit ich keinen Durst mehr habe und nicht mehr hierher kommen muss, um Wasser zu schöpfen.

Wasser, das Jesus gibt

Die Katechetin lässt die Kinder zunächst einmal die biblische Überlieferung nacherzählen. Anschließend legt sie den blauen Kartonstreifen mit der Aufschrift: „Jesus schenkt Wasser“ in die Mitte. Sie bittet die Kinder, ihre Vermutung zu äußern, was Jesus damit meint, dass er „Wasser gibt“. Sie weist darauf hin, dass die Kinder sich an das erinnern sollten, was sie anfangs über das Wasser herausgefunden haben. Wenn die Kinder ihre Vermutungen geäußert haben, dreht die Katechetin den Karton um, so dass nun der Satz „Jesus schenkt Leben“ zu lesen ist. Gemeinsam mit den Kindern überlegt die Katechetin, was damit gemeint ist, dass Jesus Leben schenkt.
Anschließend wird der Satz zu der vorher erstellten Collage gelegt.

Taufmandala

Im Anschluss an dieses Gespräch teilt die Katechetin das Taufmandala aus und lädt die Kinder ein, dieses Mandala schweigend auszumalen.

Gott schenkt uns Wasser

Nun erinnert die Katechetin nochmals an die Rose von Jericho. Sie stellt den Teller mit der inzwischen grün verwandelten Pflanze in die Mitte und lässt die Kinder beschreiben, wie sich die Pflanze durch den Kontakt mit dem Wasser verändert hat. Zum Abschluss singt die Gruppe das Lied „Ohne Wasser können wir nicht leben“(siehe Seite 11). Der Liedruf wird mehrmals gesungen. Jeweils ein Kind dankt zwischen den Liedrufen für eine Sache, die in der Collage zusammengefügt wurde, z. B. „Guter Gott, ich danke dir für das Wasser im Fluss.“

Taufmandala

Kopiervorlage siehe auch Seite 10 in: Gott lädt uns alle ein, Der Kommunionkurs. Begleitbuch für die Kinder

Ohne Wasser können wir nicht leben

T/M: Wolfgang Longardt, © ABAKUS Musik Barbara Fietz, 35753 Greifenstein

Wer wird Taufionär?

Materialien
- Rätselkarten (je zehn Karten zu den Themen „Bibel“, „Liturgie“, „Kirche“ und „Taufe“), acht Blankokarten
- zwei „Taufionär-Kerzen“ zum Messen des Spielstandes
- pro Gruppe sechs Jokerkarten
- Teelicht

Methoden
- Spiel
- Gebet

Ziele/Chancen
- Die Kinder erfahren Wissenswertes rund um die Kirche, ihren Glauben und das Sakrament der Taufe.
- Die einzelnen Fragen bieten der Katechetin die Möglichkeit, mit den Kindern über Fragen rund um die Bibel, die Kirche, die Liturgie oder Taufe zu sprechen.

Hinweise
- Bewusst setzen viele Fragen bei einem sehr geringen Glaubenswissen an, da es den meisten Kindern im Elternhaus nicht mehr vermittelt wird.
- Oft ist es sinnvoll, dass die Katechetinnen das Spiel zunächst untereinander spielen, um selbst Hintergründe zu einzelnen Fragen zu erhalten.
- Da die Gruppe zum Ende der Einheit in die Kirche geht, sollte sie sich evtl. zu Beginn im Pfarrheim treffen.

Inhaltliche Einordnung
- Ursprünglich mussten die Taufbewerber im Rahmen eines Katechumenats zunächst die Kirche und den christlichen Glauben kennenlernen, bevor sie das Sakrament der Taufe feiern konnten. Das Spiel „Wer wird Taufionär?“ vermittelt auf spielerische Weise christliches Basiswissen.

Ablauf der Einheit

Das Taufionär-Spiel

In Anlehnung an die bekannte Fernsehshow „Wer wird Millionär?“ wird das folgende Quiz gespielt. Die Katechetin (evtl. auch eines der Kinder) übernimmt die Rolle des Quizmasters. Die Kinder werden in zwei Gruppen aufgeteilt, die gegeneinander spielen. Dann mischt der Quizmaster alle Fragekärtchen und legt die Fragen verdeckt auf einen Stapel. Wechselseitig wird nun jeder Gruppe eine Frage gestellt. Es kommt darauf an, möglichst viele Fragen richtig zu beantworten. Für jede richtig beantwortete Frage darf die Gruppe sich einen Taufionär-Punkt auf dem Spielplan der Taufkerze (siehe Seite 14) ankreuzen. Wenn eine Gruppe alle Taufionär-Punkte ihrer Taufkerze angekreuzt hat, zündet der Quizmaster das Teelicht an. Damit ist die Taufionär-Kerze entzündet, und die entsprechende Gruppe hat gewonnen.

Folgende Joker können eingesetzt werden:

- Zwei 50/50-Joker: Der Quizmaster reduziert die Auswahl der Antworten auf zwei Möglichkeiten.
- Ein Engels-Joker: Die Gruppe gibt die Frage an die gegnerische Gruppe weiter, die dann nach der Beantwortung der weitergegebenen Frage selbst an der Reihe ist.
- Ein Teufels-Joker: Die Gruppe gibt die Frage an die gegnerische Gruppe weiter, ist aber nach der Beantwortung der Frage direkt wieder an der Reihe.
- Zwei Telefon-Joker: Die Gruppe darf eine Person anrufen und diese um einen Tipp bitten.

Hinweise auf die Taufe

Nachdem das Taufionär-Spiel beendet ist, fordert die Katechetin die Kinder auf, nun zu zeigen, was sie alles in dem Spiel gelernt haben. Sie geht mit den Kindern in die Kirche und bittet sie, schweigend in der Kirche herumzugehen und nach drei Orten zu suchen, die an die Taufe erinnern (in der Regel: Taufbecken, Weihwasserbecken, Osterkerze). Als Zeichen, dass alle Kinder in der ersten Sitzreihe wieder zusammenkommen sollen, wird das Läuten eines Glöckchens vereinbart.

Nach ca. drei Minuten lässt die Katechetin eine Altarglocke erklingen und gibt so das Signal zum Zusammenkommen. Wenn alle Kinder eingetroffen sind, bittet die Katechetin ein Kind, die anderen Kinder zu einem Tauferinnerungs-Ort zu führen. Dort angelangt, darf das Kind den Zusammenhang dieses Ortes mit der Taufe erläutern. Dann führt ein anderes Kind die Gruppe zum nächsten Tauferinnerungs-Ort.

Ich will dir danken

Zum Abschluss der Einheit singt die Katechetin mit den Kindern das Lied „Ich will dir danken“ (siehe Seite 41 in: Gott lädt uns alle ein, Der Kommunionkurs. Kursbuch für Katechetinnen und Katecheten).

Das Taufionär-Spiel – Taufionär-Kerze

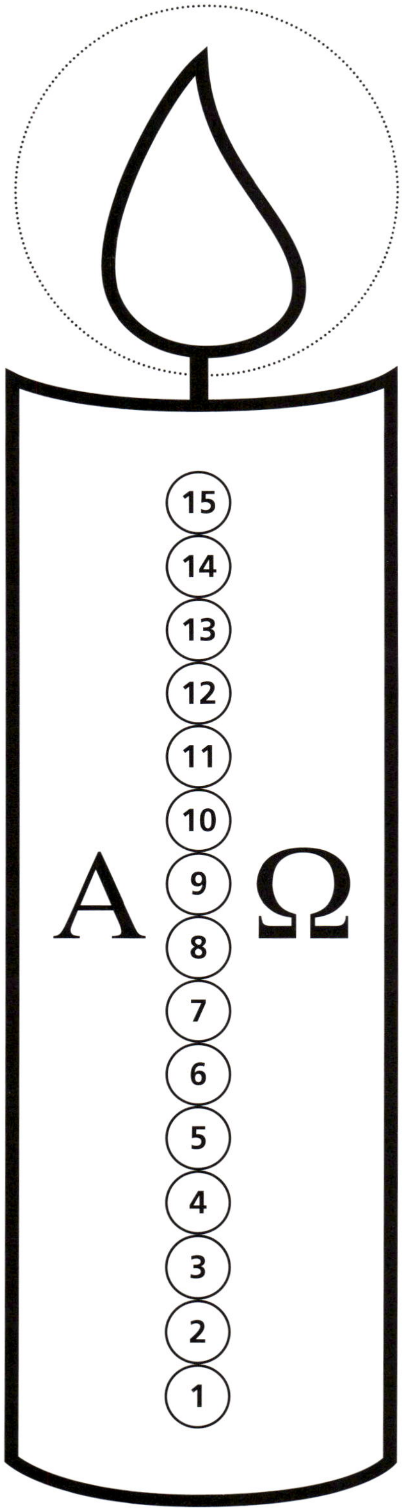

Das Taufionär-Spiel – Fragekarten

Wer ist kein Evangelist?

a) Matthäus
b) Markus
c) Paulus
d) Johannes

Was sind christliche Symbole?

a) Fisch
b) Delphin
c) Taube
d) Kreuz

Was hat Jesus nicht gesagt?

a) Ich bin der Größte aller Zeiten.
b) Ich bin das Licht der Welt.
c) Ich bin der Weg, die Wahrheit und das Leben.
d) Ich bin der Weinstock.

Von wem ließ Jesus sich taufen?

a) Von Joseph
b) Von Maria
c) Von Johannes
d) Von Zacharias

Wer ließ Jesus ans Kreuz schlagen?

a) Herodes
b) Augustus
c) Pilatus
d) Zachäus

Was hat Jesus getan?

a) Er hat Bäume geteilt.
b) Er hat Menschen geheilt.
c) Er hat Eisen gefeilt.
d) Er hat sich immer beeilt.

Wen hat Jesus nicht seliggepriesen?

a) Selig die Armen.
b) Selig die Barmherzigen.
c) Selig die Alten.
d) Selig die Friedensstifter.

Mit wem hatte Jesus oft Streit?

a) Mit den Schriftgelehrten
b) Mit seinen Eltern
c) Mit den Ärzten
d) Mit den römischen Soldaten

Das Taufionär-Spiel – Fragekarten

Wen ließ Salome enthaupten?

a) Den Evangelisten Johannes
b) Johannes den Täufer
c) Judas Iskariot
d) Simon von Cyrene

Wer hat Jesus verraten?

a) Petrus
b) Paulus
c) Judas
d) Jeremias

Was gehört nicht zur Messe?

a) Lesung
b) Evangelium
c) Kommunion
d) Konzert

Womit beginnt die Messe?

a) Vaterunser
b) Wandlung
c) Kreuzzeichen
d) Segnung

Welche Farbe hat das Ewige Licht?

a) Rot
b) Gelb
c) Grün
d) Violett

Nach welcher Himmelsrichtung sind die meisten Kirchen ausgerichtet?

a) Norden
b) Süden
c) Westen
d) Osten

Wie heißt der Tisch in der Kirche?

a) Akolyth
b) Altar
c) Ambo
d) Apsis

Was wird als Weihrauch verbrannt?

a) Äste
b) Blätter
c) Harze
d) Hölzer

Das Taufionär-Spiel – Fragekarten

Was steht im Zentrum der Kommunion?

a) Brot und Brötchen
b) Brot und Wein
c) Wasser und Brot
d) Wein und Wasser

Wer ist in der Kommunion anwesend?

a) Christus
b) Maria
c) Paulus
d) Johannes

Welche Körperhaltung gehört nicht in die Messe?

a) Knien
b) Stehen
c) Liegen
d) Sitzen

Wer liest in der Messe das Evangelium vor?

a) Der Lektor (oder Kantor)
b) Der Priester (oder Diakon)
c) Der Ministrant (oder Küster)
d) Der Katechet (oder Kantor)

Was ist das größte Kirchengebäude?

a) Kölner Dom
b) Petersdom in Rom
c) Notre Dame in Paris
d) Westminster Cathedral in London

Welches ist die höchste Kirche?

a) Kölner Dom
b) Münsteraner Dom
c) Ulmer Münster
d) Petersdom in Rom

Wer ist Bischof von Rom?

a) Der Papst
b) Der Stellvertreter des Papstes
c) Der italienische Staatspräsident
d) Der römische Bürgermeister

Wer wählt den Papst?

a) Alle Christen
b) Alle Katholiken
c) Alle Bischöfe
d) Die Kardinäle

Das Taufionär-Spiel – Fragekarten

Wie heißt der Papst?

a) Johannes Paul II.
b) Benedikt XVI.
c) Johannes XXIII.
d) Paul VI.

Wie heißt der Bischof unseres Bistums?

a) Franz Xaver
b) Petrus
c) ________________ (bitte Namen einfügen)
d) Stephanus

Wie heißen die Kirchen eines Bischofs?

a) Münster
b) Dom
c) Kapelle
d) Sanctuarium

An welchem Tag feiert die Kirche ihren „Geburtstag"?

a) Neujahr
b) Christi Himmelfahrt
c) Pfingsten
d) Weihnachten

Was ist die Kirche?

a) Eine traditionelle Vereinigung
b) Die Gemeinschaft der Gläubigen
c) Ein sonntäglicher Treffpunkt für Nachbarn
d) Ein Verein, den Jesus gegründet hat

Wo bildete sich die erste christliche Gemeinde?

a) Jerusalem
b) Rom
c) Konstantinopel
d) Ephesus

Was ist Chrisam?

a) Geweihtes Harz
b) Geweihtes Öl
c) Geweihtes Parfum
d) Geweihte Kreide

Was erinnert beim Betreten einer Kirche an die eigene Taufe?

a) Kniebeuge vor dem Kreuz
b) Verneigung vor dem Tabernakel
c) Bekreuzigen mit Weihwasser
d) Abnehmen der Mütze

Das Taufionär-Spiel – Fragekarten

Woran wird die Taufkerze entzündet?

a) Am ewigen Licht
b) An den Apostelleuchtern
c) An der Osterkerze
d) An den Altarkerzen

Wofür stehen Alpha und Omega auf der Osterkerze?

a) Alpha und Omega sind nur Verzierungen.
b) Alpha und Omega stehen für Christus, den Anfang und das Ende.
c) Alpha & Omega ist der Name des Kerzenherstellers.
d) Alpha und Omega waren Päpste, die erstmals eine Osterkerze entzündet haben.

Woran erinnert das Taufkleid?

a) Der Glaube soll uns wie ein Kleid schmücken.
b) Der Glaube soll uns wie ein Kleid wärmen.
c) Das Kleid erinnert an die Bekleidung zur Zeit Jesu.
d) Das Kleid soll an das Priestergewand erinnern.

Jesus erzählte das Gleichnis

a) Vom Wacholderbusch
b) Vom Grashalm
c) Vom Senfkorn
d) Vom Apfelkern

Was wird in der Taufe gefeiert?

a) Dass jemand die kirchliche Aufnahmeprüfung geschafft hat.
b) Dass jemand nun zur Kirche gehört.
b) Dass jemand zur Erstkommunion gehen möchte.
d) Dass jemand regelmäßig in die Messe geht.

Was sind Taufpaten?

a) Verwandte, die ein Taufgeschenk besorgen.
b) Bekannte des Priesters
c) Wegbegleiter im Glauben
d) Freunde der Eltern

Warum wird der Täufling mit Wasser übergossen?

a) Als Zeichen für die körperliche Sauberkeit.
b) Als Zeichen für das neue Leben, das nun beginnt.
c) Als Zeichen dafür, dass alles im Fluss ist.
d) Als Zeichen dafür, dass jetzt alles „klar“ ist.

Wie heißt das Glaubensbekenntnis?

a) Lego
b) Kasko
c) Credo
d) Deo

Das Taufionär-Spiel – Fragekarten zum Selbermachen

Hier können Sie Fragen hinzufügen.

Das Taufionär-Spiel – Jokerkarten

Mein Namenspatron

Materialien

- Namenskarten mit bekannten Persönlichkeiten, die die Kinder kennen
- Kreppband
- Bildkarten „Namenspatron" (siehe Hinweise)
- Kopien: „Meine Taufurkunde"
- Stifte
- Klebstoff
- Lied: „Ich trage einen Namen"

Methoden

- Spiel
- Bildbetrachtung
- Gespräch
- Gestaltung einer Urkunde

Ziele/Chancen

- Die Kinder erfahren, dass sie in der Taufe einen Namenspatron zur Seite gestellt bekommen.
- Den Kindern werden ihre Namenspatrone als Vorbild eines christlichen Lebensstils vorgestellt.
- Den Kindern wird im Gestalten der Taufurkunde die Wertigkeit ihrer Taufe bewusst.

Hinweise

- Diese Einheit ist in der Vorbereitung etwas aufwendiger. Dennoch lohnt es sich, den Kindern ihre Namenspatrone näherzubringen. Viele Kinder sind überrascht, dass sie einen Namenspatron haben bzw. mit der Taufe bekommen werden.
- Die Bildkarten müssen im Vorfeld vorbereitet werden. Für jedes Kind wird nach dem Namenspatron recherchiert und nach Möglichkeit ein passendes Bild ausgewählt. Die Bildkarten sollten von der Größe her so sein, dass sie als Heiligenbild auf die zweite Seite der Taufurkunde geklebt werden können.
- Weitere Informationen zu Namen, Heiligen und Namenspatronen finden sich im Internet auch unter den folgenden Adressen:
  http://www.heilige.de/
  http://firstname.de/
  http://www.erzbistum-koeln.de/index/namenstage.html

Inhaltliche Einordnung

- Nach katholischer Tradition wurde seit dem Mittelalter darauf Wert gelegt, Kindern einen Heiligen- oder Seligennamen, zumindest als Beinamen, zu geben. Der Heilige oder Selige wird mit der Taufe zum Namenspatron des Getauften. Damit verbunden ist die Hoffnung, dass etwas von der Glaubenskraft des Heiligen auf den Getauften übergeht. Als Namenspatron soll der Heilige Vorbild für den Getauften sein.
- Am Gedenktag des Heiligen, der dem Heiligenkalender zu entnehmen ist, feiern Christen ihren Namenstag. Namenstage hatten noch bis in die Mitte des letzten Jahrhunderts für die Katholiken eine größere Bedeutung als der Geburtstag.

Ablauf der Einheit

Wer bin ich?

Jedes Kind bekommt mit Kreppband einen Zettel mit dem Namen einer berühmten Persönlichkeit auf den Rücken geklebt (Podolski, Pumuckel, Pippi Langstrumpf, ...). Die Kinder sollen nun herausfinden, welche Persönlichkeit auf ihrem Zettel steht. Dazu stehen sie auf und suchen sich ein anderes Kind. Sie dürfen dem anderen Kind Fragen stellen, die mit Ja oder Nein zu beantworten sind. Wird eine Frage verneint, dann ist das andere Kind an der Reihe, eine Frage zu stellen. Bekommt auch dieses Kind eine Frage mit Nein beantwortet, dann suchen sich die beiden Kinder einen neuen Partner. Ziel ist es, dass die Kinder so schnell wie möglich herausbekommen, welche Person auf ihrem Zettel steht.

Berühmte Menschen aus der Kirche

Die Katechetin bespricht mit den Kindern, dass es auch in der Kirche berühmte Menschen gibt. Sie nennt exemplarisch einige „Heilige". Diese Heiligen haben auf ganz besondere Weise den Glauben gelebt und sind so für viele Menschen zum Vorbild geworden. Die Kinder tragen einige Namen von Heiligen zusammen, die ihnen bekannt sind (Nikolaus, Martin, Barbara, ...).
Einige Heilige sollen die Kinder nun besser kennenlernen. Dazu legt die Katechetin die Bildkarten der Namenspatrone der Kinder verdeckt in die Mitte. Ein Kind darf jeweils eine Karte umdrehen und den anderen Kindern beschreiben, was auf dem Bild zu sehen ist. Die Kinder raten, wer auf dem Bild dargestellt ist. Evtl. tragen die Kinder zusammen, was sie bereits über den Heiligen wissen. Ansonsten erzählt die Katechetin einiges über den Heiligen/die Heilige.

Dann erklärt die Katechetin, dass bei der Taufe jeder entsprechend seines Vornamens oder seines Beinamens einen Namenspatron bekommt. Das soll den Getauften Mut machen, ebenfalls als guter Christ zu leben. Daraufhin werden die Bilder aus der Mitte jeweils vor dem Kind abgelegt, dessen Namenspatron auf dem Bild dargestellt ist.

Meine Taufurkunde

Die Kinder gestalten ihre Taufurkunde. Dazu teilt die Katechetin die Vorlagen (Vorder- und Rückseite) aus. Sicherlich wird die Katechetin an der einen oder anderen Stelle Hilfestellung geben müssen. Natürlich dürfen und sollen die Urkunden auch farbig gestaltet werden.
Diese Taufurkunden werden nach der Taufe vom Priester unterschrieben und im Pfarrbüro mit dem Siegel der Pfarrei versehen. Anschließend stellen sich die Kinder die gestalteten Taufurkunden vor. Dazu singen sie den folgenden Liedruf.

Ich trage einen Namen

Lied siehe Seite 26

Wir bitten und danken

*Guter Gott,
du kennst mich,
und du rufst mich mit meinem Namen.
Jeder von uns ist dir bekannt.
Du sorgst für mich und bist an meiner Seite.
Mit dir brauche ich keine Angst zu haben.
Und so bitte ich dich, bei mir zu bleiben.
Heute und alle Tage meines Lebens.
Amen.*

Meine Taufurkunde

Taufurkunde

....

(Vorname, Nachname)

wurde getauft

am: ....

in der Kirche: ....

in: ....

von: ....

Mein Pate/meine Patin ist:
Meine Paten sind:

....

....

....

(Unterschrift des Pfarrers) *(Siegel)*

Taufurkunde (Rückseite)

Mein(e) Namenspatron(in)

Hier ein Bild des Namenspatrons einkleben. Das Bild kann auch selbst gemalt sein.

Mein(e) Namenspatron(in) ist: ……………………………………

Der Namenstag wird gefeiert am: ……………………………………

Was ich über meine(n) Namenspatron(in) weiß:

……………………………………

……………………………………

……………………………………

Ich trage einen Namen

T: Rolf Krenzer, M: Peter Janssens, aus: Ich schenk Dir einen Sonnenstrahl, 1985

1. Ich trage einen Namen,
   bei dem der Herr mich nennt.
   Du rufst mich in der Taufe,
   damit auch ihr mich kennt.

2. In christlicher Gemeinde
   mich aufnehmt, wie ich bin,
   weil Gott mich angenommen.
   Gott ruft mich selbst hierhin.

3. So ist es durch die Taufe
   mit dir und mir gescheh'n.
   Ich darf mit Christus leben,
   und mit ihm aufersteh'n.

4. Und weil dich meine Schwäche
   nicht stört und du mich liebst,
   nehm' ich auch meinen Nächsten
   so an wie du ihn gibst.

5. So trag ich meinen Namen,
   bei dem du, Herr, mich nennst,
   und weiß, dass du mich immer
   mit meinem Namen kennst.

Du sollst ein Segen sein

Materialien
- Meditationsmusik
- CD-Player
- Poster: Sieger Köder „Der Segen der Taufe"
- Tuch
- Schatzkiste (oder ein Körbchen)
- Zettel mit Segenssprüchen
- Lied: „Halt die Hände über mich"

Methoden
- Körperwahrnehmung
- Gespräch
- Bildbetrachtung
- Segnung
- Singen

Ziele/Chancen
- Die Kinder spüren bewusst den Gefühlen nach, die sie mit der Geste der Handauflegung verbinden.
- Die Kinder lernen die biblische Erzählung von der Segnung der Kinder kennen und hören, dass Jesus ein Freund der Kinder ist.
- Die Kinder erfahren die ermutigende Kraft, die vom „Segnen" und „Gesegnet werden" ausgehen kann.
- Die Kinder erleben, dass sie selber zum Segen für andere werden können.

Hinweise
- Die Übung zur Körperwahrnehmung ist für manche Kinder ungewohnt und fremd. Sie ist jedoch eine wertvolle Methode, die Meditationsfähigkeit der Kinder zu fördern. Wichtig ist dabei, dass die Katechetin darauf achtet, dass nicht einzelne Kinder dabei stören und somit andere Kinder hindern, sich auf die Methode einzulassen.

Inhaltliche Einordnung
- Gottes Segen hat etwas mit Heil, Heilung, Shalom-Frieden zu tun. Etwas soll gut oder besser werden. Der Segen nimmt die Gegenwart oder die Zukunft in den glaubenden, wohlwollenden Blick.
- Der Segen ist mit Gebärden verbunden (z. B. Handauflegung, Segensgestus, Ausbreiten der Hände), die das wohltätige Wirken Gottes an der gesegneten Person oder der gesegneten Sache symbolisieren sollen. Oft wird – wie auch bei der Tauffeier – das Kreuzzeichen als Segensgestus verwendet.
- Es gibt Momente des Lebens, in denen es gut tut, wenn ein Segen gesprochen wird. Wo Christen einander segnen, teilen sie den Segen, den sie selbst empfangen haben. Gerade an Wendepunkten des Lebens hat der Segen seinen Platz.

Ablauf der Einheit

Ich bin da

Die Katechetin spielt ruhige Musik von der CD ab und lädt die Kinder ein, ihren Körper wahrzunehmen. Langsam und ruhig spricht sie den folgenden Text:

Wir stehen mit beiden Füßen auf der Erde.
Die Arme hängen einfach am Körper.
Der Kopf ist leicht nach vorne gebeugt.

Wir schließen die Augen.
Unser Blick geht nach innen.

Ganz langsam schaukeln wir hin und her
und spüren,
wie die Füße fest mit dem Boden verankert sind.

Unser Atem kommt und geht
ganz von selbst.

Ich spüre meine Füße.
Ich spüre meine Beine.
Ich spüre meinen Bauch.
Ich spüre meinen Rücken.
Ich spüre meine Arme.
Ich spüre meine Hände.
Ich spüre meinen Kopf.
Ich spüre, ich bin da.
Ich höre die Stille.
Ich bin jetzt ganz da.

(Die Stille wird einen Moment ausgehalten.)

Unsere Augen bleiben geschlossen.
Langsam fangen meine Arme an,
sich zu bewegen.
Wir recken und strecken uns.
Wir atmen noch einmal tief ein und aus
und öffnen dann unsere Augen.

Die Hände über jemanden halten

Die Kinder stellen sich zu zweit zusammen. Nun fordert die Katechetin die Kinder auf, dass ein Kind einem anderen Kind die Hände auf den Kopf legt. In Stille spüren alle Kinder nach, was sie bei dieser Haltung empfinden. Anschließend tauschen die Kinder ihre Rollen.
Dann führt die Katechetin mit den Kindern ein Gespräch über das Erlebte. Folgende Impulse können dabei leitend sein:

- Was habt ihr empfunden?
- War es angenehm oder unangenehm, die Hände aufgelegt zu bekommen?
- War es angenehm oder unangenehm, die Hände aufzulegen?
- An welche Situationen erinnert euch diese Geste?
- Wo erlebt ihr in eurem Alltag, dass euch jemand die Hände auflegt?

Jesus segnet die Kinder

Die Katechetin legt das Bild von Sieger Köder in die Mitte. Das Bild ist so abgedeckt, dass die Jesusfigur nicht zu sehen ist. Die Kinder beschreiben, was sie auf dem Bild erkennen. Sie überlegen, zu wem die Kinder hingehen. Dann deckt die Katechetin das Bild ganz auf. Wieder teilen sich die Kinder mit, was sie nun auf dem Bild erkennen. Die Kinder versuchen, dem Bild eine Überschrift zu geben.

Dann liest die Katechetin den Kindern die biblische Erzählung von der Segnung der Kinder vor:

Da brachte man Kinder zu ihm, damit er ihnen die Hände auflegte. Die Jünger aber wiesen die Leute schroff ab. Als Jesus das sah, wurde er unwillig und sagte zu ihnen: Lasst die Kinder zu mir kommen; hindert sie nicht daran! Denn Menschen wie ihnen gehört das Reich Gottes.
Amen, das sage ich euch: Wer das Reich Gottes nicht so annimmt, wie ein Kind, der wird nicht hineinkommen. Und er nahm die Kinder in seine Arme; dann legte er ihnen die Hände auf und segnete sie.
(Mk 10, 13–16)

Im anschließenden Gespräch lenkt die Katechetin das Gespräch auf den letzten Satz der Erzählung „er legte ihnen die Hände auf und segnete sie". Sie erklärt den Kindern, dass das Wort „Segen" mit dem lateinischen Wort „benedicere" verwandt ist, das wörtlich übersetzt „etwas Gutes sagen bzw. aussprechen" bedeutet. Schon immer haben sich Menschen im Namen Gottes Gutes zugesprochen.
Auch bei der Taufe werden die Getauften gesegnet werden. Die Täuflinge werden mit dem christlichen Segenszeichen, dem Kreuz, bezeichnet.

Mein Segensspruch

Die Katechetin legt auf einem Tuch das Schatzkästchen mit den Segenssprüchen in die Mitte. Sie öffnet das Schatzkästchen und nimmt einen der Segenssprüche heraus. Dann geht sie zu einem Kind und liest den Segensspruch vor. Daraufhin zeichnet sie dem Kind ein Kreuzzeichen auf die Stirn und spricht: „Ich segne dich im Namen des Vaters und des Sohnes und des Heiligen Geistes." Anschließend lädt sie das gesegnete Kind ein, das Gleiche bei einem anderen Kind zu tun. Das letzte Kind darf die Katechetin segnen. Jedes Kind darf seinen Segensspruch mit nach Hause nehmen.
Zum Abschluss dieser Einheit wird gemeinsam das folgende Lied gesungen.

Halte zu mir, guter Gott

Lied siehe Seite 222 in: Gott lädt uns alle ein, Der Kommunionkurs. Kursbuch für Katechetinnen und Katecheten

Mein Segensspruch

Gott ist ein Freund der Kinder. Er hat dich lieb und begleitet dich, egal, wohin dein Lebensweg dich führt. Dazu segne dich der gute Gott, der Vater, der Sohn, und der Heilige Geist. Amen.	Der gütige und barmherzige Gott schenke dir ein waches Herz, ein Auge, das tiefer sieht und Hände, die Gutes bewirken. Dazu segne dich der gute Gott, der Vater, der Sohn, und der Heilige Geist. Amen.
Gott ist treu. Immer wird er bei dir sein. Es segne dich der gute Gott, der Vater, der Sohn, und der Heilige Geist. Amen.	Du sollst gesegnet sein, damit du selber für andere zum Segen werden kannst. Dazu segne dich der gute Gott, der Vater, der Sohn, und der Heilige Geist. Amen.
Gott schenke dir Kraft und Ausdauer, ein guter Mensch zu werden. Dazu segne dich der gute Gott, der Vater, der Sohn, und der Heilige Geist. Amen.	Der gütige Gott halte seine schützenden Hände über dich. Es segne dich der gute Gott, der Vater, der Sohn, und der Heilige Geist. Amen.
Sei gesegnet mit dem Wissen, dass Gott die Liebe ist. Er ist da, was auch immer geschieht. Es segne dich der gute Gott, der Vater, der Sohn, und der Heilige Geist. Amen.	Der Herr lasse sein Angesicht über dir leuchten und schenke dir wirklichen Frieden ein Leben lang. Dazu segne dich der gute Gott, der Vater, der Sohn, und der Heilige Geist. Amen.
Der Herr erfülle dein Herz mit Zärtlichkeit, deine Augen mit Lachen, deine Ohren mit Musik und deine Seele mit Frieden. Es segne dich der gute Gott, der Vater, der Sohn, und der Heilige Geist. Amen.	Der gute Gott sei dir nahe an allen Tagen deines Lebens. Es segne dich der Vater, der Sohn und der Heilige Geist. Amen.

„Und er nahm die Kinder in seine Arme …“

Materialien
- Situationskarten „Unerwünscht sein“
- Poster: Sieger Köder „Der Segen der Taufe“
- Textstreifen „Die Segnung der Kinder“
- Lied: „Wenn Jesus kommt“
- evtl. farbige Tücher oder Bänder in drei Farben

Methoden
- Szenische Darstellung
- Gespräch
- Bildbetrachtung
- Singen

Ziele/Chancen
- Die Kinder erfahren, dass sie vorbehaltlos als „Kinder“ bei Jesus willkommen sind.
- Die Kinder lernen das Bild von Sieger Köder sowie die biblische Passage von der „Segnung der Kinder“ kennen.
- Die Kinder setzen sich mit den verschiedenen Personen der biblischen Erzählung auseinander und erkennen einen Bezug zu ihrem eigenen Leben.

Hinweise
- Das Spiellied „Wenn Jesus kommt“ kann sehr schön im Familiengottesdienst von einer Kommuniongruppe vorgespielt werden.

Inhaltliche Einordnung
- Die biblische Erzählung „Die Segnung der Kinder“ verdeutlicht in typischer Weise die Lehre Jesu: Den Armen und Geringgeachteten – in diesem Falle den Kindern – gehört das Reich Gottes.

Ablauf der Einheit

Unerwünscht sein

Die Kinder gehen in Gruppen zu dritt oder viert zusammen. An jede Gruppe verteilt die Katechetin eine Situationskarte. Die Kinder lesen sich in der Gruppe die jeweilige Karte durch und überlegen, wie die Situation weitergehen kann. Sie sollen dazu eine entsprechende Szene mit der Gruppe einüben. Danach stellen sich die Gruppen ihre eingeübten Szenen gegenseitig vor.
Im anschließenden Gespräch überlegt die Katechetin mit den Kindern folgende Punkte:

- Hatten die Situationen Gemeinsamkeiten?
- Hätten die Situationen auch anders ausgehen können?
- Kennen wir ähnliche Situationen, die uns selber schon passiert sind?

Willkommen sein

Die Katechetin legt das Poster „Der Segen der Taufe" von Sieger Köder in die Mitte. Zunächst beschreiben die Kinder, was sie auf dem Bild sehen können, ohne es schon zu deuten.
Anschließend sortiert die Gruppe die Textstreifen zum biblischen Gesamttext der „Segnung der Kinder":

Da brachte man Kinder zu ihm, damit er ihnen die Hände auflegte. Die Jünger aber wiesen die Leute schroff ab. Als Jesus das sah, wurde er unwillig und sagte zu ihnen: Lasst die Kinder zu mir kommen; hindert sie nicht daran! Denn Menschen wie ihnen gehört das Reich Gottes.
Amen, das sage ich euch: Wer das Reich Gottes nicht so annimmt, wie ein Kind, der wird nicht hineinkommen. Und er nahm die Kinder in seine Arme; dann legte er ihnen die Hände auf und segnete sie.
(Mk 10, 13–16)

Im Gespräch erarbeitet die Katechetin mit den Kindern, welchen Stellenwert Jesus den Kindern einräumt: Er schiebt sie nicht weg, sie sind ihm nicht lästig, sie stören ihn nicht. Ganz im Gegenteil: Jesus lädt die Kinder zu sich ein, sie sollen zu ihm kommen. Explizit sagt er sogar zu den Erwachsenen: Nur wer das Reich Gottes so (vorbehaltlos) annimmt wie ein Kind, der wird zu Gott kommen. Durch die Taufe werden alle Kinder in die Gemeinschaft der Kirche aufgenommen. Jedes Kind kann gewiss sein, dass es bei Jesus ganz und gar willkommen ist.
Evtl. überlegt die Gruppe, wie die Situationen vom Beginn der Stunde in Jesu Sinne hätten ausgehen können.

Wenn Jesus kommt

Die Katechetin übt mit den Kinder das Lied „Wenn Jesus kommt" (Lied siehe Seite 36) ein. Anschließend überlegt die Gruppe, wie das Lied szenisch dargestellt werden kann. Eine Person spielt Jesus, die übrigen teilen sich in „Kinder" und „Erwachsene" auf. Eventuell helfen farbige Tücher oder Bänder in drei Farben, die Personen zu unterscheiden. Pantomimisch stellen sie passend zu den jeweiligen Strophen dar, wie die Personen reagieren:

1. Wenn Jesus kommt, wenn Jesus kommt, dann will ihn jeder sehn. Da wollen auch die Kinder all sogleich zu Jesus gehen.	*Jesus kommt auf die Gruppe zu. Die Erwachsenen drängen sich um Jesus. Kinder kommen auch hinzu.*
2. Die Großen fühlen sich gestört und rufen: „Nein! Nein!! Nein! Haut ab und spielt woanderswo! Ihr seid noch viel zu klein!"	*Die Erwachsenen nehmen eine abwehrende Haltung gegenüber den Kindern ein.*
3. Doch Jesus ruft den Kindern zu: „Bleibt hier! Bleibt alle da!" Niemals jagt ihr die Kinder fort, denn Jesus liebt sie ja.	*Jesus holt die Kinder mit einer einladenden Armbewegung zu sich zurück.*
4. Und Jesus lädt die Kinder d'rauf gleich alle zu sich ein. Da darf ein jedes Kind zu ihm und ganz nah bei ihm sein.	*Jesus holt alle Kinder nah zu sich heran und legt ihnen die Hände auf ihre Schultern.*
5. Den Großen aber sagt er laut und deutlich ins Gesicht: „Wer Gott nicht wie ein Kind vertraut, nein, der versteht Gott nicht!"	*Jesus redet mit „erhobenem" Zeigefinger zu den Erwachsenen.*
6. Drum dürfen Kinder jederzeit sogleich zu Jesus gehn. Die Großen werden es dann auch so nach und nach verstehn.	*Jesus umarmt die Kinder und legt ihnen die Hände auf.*
7. Dass Jesus alle Kinder liebt, das weiß ein jedes Kind, weil alle Kinder auf der Welt doch Gottes Kinder sind.	*Alle Kinder und Jesus umarmen sich im Kreis.*
8. Wenn Kinder lachen und sich freu'n, ist Gott im Himmel froh. Wer Gottes Botschaft recht versteht, der macht es ebenso.	*Die Kinder und Jesus nehmen sich an den Händen und tanzen im Kreis herum.*
9. Wir freu'n uns mit den Kindern, weil Jesus deutlich spricht: „Wer Gott nicht wie ein Kind vertraut, nein, der versteht Gott nicht."	*Auch die Erwachsenen kommen mit in den Kreis hinein und tanzen mit den Kindern gemeinsam.*
10.ff. Wir lachen mit den Kindern … Wir singen mit den Kindern … Wir tanzen mit den Kindern … usw.	

Text: Rolf Krenzer
(vgl. Lied Seite 36)

Materialien

Unerwünscht sein

Jan freut sich schon sehr. Sie sind auf dem Weg zu seiner Oma. Auch sein Cousin Malte wird mit seiner Familie kommen.
Bei seiner Oma angekommen, geht Jan sofort mit Malte in den Garten, um Fußball zu spielen. Auch die Erwachsenen kommen nach draußen und setzen sich auf die Terrasse. Jan und Malte kicken sich den Ball hin und her.
„Oh, meine schönen Blumen", seufzt Oma, als der Ball im Blumenbeet landet. „So geht das nicht!", ruft Jans Vater die Kinder zu sich her. „Es stört, wenn ihr hier im Garten Fußball spielt."

Julia ist ganz aufgeregt. Morgen ist ihr Geburtstag. Sie hat mit ihrer Mutter abgesprochen, dass sie in die Schule kleine Kindertörtchen zum Verteilen mitnimmt. „Ich helfe dir auch dabei", hat sie ihrer Mutter versprochen.
Endlich hat ihre Mutter Zeit zum Backen. Geschäftig kramt Julia schon einmal Mehl, Zucker und Eier aus dem Schrank. „Wie viel Zucker brauchen wir?", fragt sie und holt die Waage heraus. „300 g", antwortet die Mutter, „und dann drei Eier". Da passiert es. Die Eierpackung landet auf dem Boden. Drei Eier sind zerbrochen. „Ach, Julia", schimpft die Mutter, „pass doch auf. Ich glaube, dafür bist du doch noch zu klein."

Willkommen sein

Da brachte man Kinder zu ihm, damit
er ihnen die Hände auflegte. Die Jünger
aber wiesen die Leute schroff ab. Als
Jesus das sah, wurde er unwillig und
sagte zu ihnen: Lasst die Kinder zu mir
kommen; hindert sie nicht daran! Denn
Menschen wie ihnen gehört das Reich
Gottes. Amen, das sage ich euch: Wer
das Reich Gottes nicht so annimmt wie
ein Kind, der wird nicht hineinkommen.
Und er nahm die Kinder in seine
Arme; dann legte er ihnen die Hände
auf und segnete sie.

Wenn Jesus kommt

2. Die Großen fühlen sich gestört
und rufen: „Nein! Nein!! Nein!
Haut ab und spielt woanderswo!
Ihr seid noch viel zu klein!"

3. Doch Jesus ruft den Kindern zu:
„Bleibt hier! Bleibt alle da!"
Niemals jagt ihr die Kinder fort,
denn Jesus liebt sie ja.

4. Und Jesus lädt die Kinder d'rauf
gleich alle zu sich ein.
Da darf ein jedes Kind zu ihm
und ganz nah bei ihm sein.

5. Den Großen aber sagt er laut
und deutlich ins Gesicht:
„Wer Gott nicht wie ein Kind vertraut,
nein, der versteht Gott nicht!"

6. Drum dürfen Kinder jederzeit
sogleich zu Jesus gehn.
Die Großen werden es dann auch
so nach und nach verstehn.

7. Dass Jesus alle Kinder liebt,
das weiß ein jedes Kind,
weil alle Kinder auf der Welt
doch Gottes Kinder sind.

8. Wenn Kinder lachen und sich freu'n,
ist Gott im Himmel froh.
Wer Gottes Botschaft recht versteht,
der macht es ebenso.

9. Wir freu'n uns mit den Kindern,
weil Jesus deutlich spricht:
„Wer Gott nicht wie ein Kind vertraut,
nein, der versteht Gott nicht."

10.ff. Wir lachen mit den Kindern …
Wir singen mit den Kindern …
Wir tanzen mit den Kindern …
usw.

Wir sind die Kleinen in den Gemeinden

Materialien

- Lied: „Wir sind die Kleinen"
- Situationskarten „Du bist zu klein!"
- Plakat mit dem Umriss einer Kirche
- Zeitschriften
- Klebstoff
- Scheren
- Papier
- Stifte
- Poster: Sieger Köder „Der Segen der Taufe"

Methoden

- Singen
- Gespräch
- Collage
- Bildbetrachtung
- Gebet

Ziele/Chancen

- Die Kinder lernen die Geschichte von der Segnung der Kinder kennen und erfahren, dass Gott auf der Seite der Schwachen bzw. hier der „Kleinen" steht.
- Den Kindern wird vermittelt, dass sie für die Kirche eine wichtige Bedeutung haben.
- Die Kinder begreifen, dass sie mit der Taufe in die Gemeinschaft der Christen aufgenommen werden.
- Die Kinder lernen Kirche als eine bunte und vielfältige Gemeinschaft kennen.

Hinweise

- Anstatt des gemalten Selbstbildnisses, das in die Collage eingefügt wird, können auch Fotos der Kinder verwendet werden. Dazu sollte die Katechetin in einer der vorangegangenen Stunden von jedem Kind ein Foto geknipst und entwickelt haben.

Inhaltliche Einordnung

- In der Taufe werden die Getauften in die Gemeinschaft der Kirche aufgenommen. Jeder Mensch kann getauft werden, unabhängig von seiner Nationalität, seiner Hautfarbe, seines Besitzes oder seines Könnens.
- Jesu Zuwendung gilt insbesondere den Schwachen und Kleinen, den im Leben Benachteiligten. In der biblischen Erzählung von der Segnung der Kinder wird hervorgehoben, dass man von ihnen Glauben lernen kann. Gerade die, die auf den ersten Blick nur stören und zu klein sind, bekommen von Jesus eine hervorgehobene Stellung zugesprochen und werden gesegnet.

Ablauf der Einheit

Wir sind die Kleinen

Lied siehe Seite 40.

Nachdem die Gruppe das Lied gesungen hat, geht die Katechetin mit den Kindern auf dessen Inhalt ein und deutet die Bildworte: „Salz in der Suppe", „Licht in der Nacht", „Hefe im Teig", Schatz im Acker".

„Du bist zu klein!"

Nacheinander werden die Karten mit den verschiedenen Szenen in die Mitte gelegt. Die Kinder erzählen, was sie auf den Bildern sehen. Anschließend lädt die Katechetin die Kinder ein, sich an Situationen zu erinnern, in denen ihnen (oder einem anderen Kind) gesagt wurde: „Du bist zu klein." – „Das kannst du noch nicht." – „Du störst." – usw. Dabei bespricht sie mit den Kindern, welche Gefühle diese Sätze auslösen.
Die Kinder vergleichen die Aussagen des Liedes „Wir sind die Kleinen" mit ihren eigenen Erfahrungen.

Die Segnung der Kinder

Die Katechetin erzählt die biblische Passage von der Segnung der Kinder:

Da brachte man Kinder zu ihm, damit er ihnen die Hände auflegte. Die Jünger aber wiesen die Leute schroff ab. Als Jesus das sah, wurde er unwillig und sagte zu ihnen: Lasst die Kinder zu mir kommen; hindert sie nicht daran! Denn Menschen wie ihnen gehört das Reich Gottes. Amen, das sage ich euch: Wer das Reich Gottes nicht so annimmt, wie ein Kind, der wird nicht hineinkommen. Und er nahm die Kinder in seine Arme; dann legte er ihnen die Hände auf und segnete sie.
(Mk 10, 13–16)

Anschließend äußern sich die Kinder zu der Geschichte. Dabei können folgende Fragen leitend sein:

- Was gefällt euch an der Geschichte?
- Was ärgert euch?
- Was wundert euch?
- Wieso hindern die Jünger die Kinder, zu Jesus zu kommen?

Gott lädt uns alle ein

Die Katechetin legt das Plakat mit dem Kirchenumriss in die Mitte. Als Überschrift schreibt sie „Gott lädt uns alle ein" auf das Plakat. Sie überlegt mit den Kindern, wie sie die Kirche füllen können. Die Kinder suchen in Zeitschriften nach Bildern von Menschen, schneiden sie aus und kleben sie in den Kirchenumriss.
Anschließend malen sie ein Bild von sich selbst und kleben es ebenfalls in die Kirche.
Die Katechetin erläutert, dass man durch die Taufe in die Kirche aufgenommen wird.
Zu dieser Kirche gehören Arme und Reiche, Dicke und Dünne, Schlaue und Dumme, Farbige und Weiße, … In Gottes Kirche sind alle eingeladen, denn Gott liebt jeden Menschen.

Ihr sollt meinen Segen bekommen

Die Katechetin zeigt den Kindern nun das Bild „Der Segen der Taufe" von Sieger Köder und lädt die Kinder ein, das Bild zunächst in Stille zu betrachten. Dann tragen die Kinder zusammen, was sie auf dem Bild entdecken:

- Jesus, der ein Kind segnet;
- viele Kinder, die zu Jesus oder mit Jesus gehen wollen;
- einen hellen Strahl, der durch das Bild geht;
- …

Die Kinder überlegen, was sie aus der biblischen Erzählung von der Segnung der Kinder in dem Bild wiederentdecken. Sie versuchen herauszufinden, was der Maler mit diesem Bild aussagen will. Dazu geben sie dem Bild einen Titel.
Vor dem abschließenden Gebet weist die Katechetin die Kinder darauf hin, dass Gott in der Taufe den Menschen seinen Segen zuspricht. In der Taufe feiern wir u. a. den Bund Gottes mit uns Menschen.

Wir bitten und danken

Du Gott unseres Lebens,

wir wollen dazugehören,
zu den Menschen,
die glauben, dass Gott uns lieb hat.

Wir wollen dazugehören,
zu den Menschen,
die so handeln, wie Jesus es uns vorgelebt hat.

Wir wollen dazugehören,
zu den Menschen,
die erfüllt sind von seinem Heiligen Geist.

Wir wollen dazugehören,
zu den Menschen,
die als getaufte Christen miteinander den Glauben teilen.
Amen.

Wir sind die Kleinen

Zum Abschluss singt die Gruppe noch einmal das Lied.

Wir sind die Kleinen

T: Jürgen Fliege, Dietmar Fiessel, M: Holger Clausen, aus: Wie der Angst die Luft ausgeht, 1981

1. Wir sind die Kleinen in den Gemeinden,
doch ohne uns geht gar nichts,
ohne uns geht's schief.
Wir sind das Salz in der Suppe der Gemeinde.
Egal, was andre meinen,
wir machen mit!

2. Wir sind die Kleinen in den Gemeinden,
doch ohne uns geht gar nichts,
ohne uns geht's schief.
Wir sind das Licht in der Nacht der Gemeinde,
Egal, was andre meinen,
wir machen mit!

3. Wir sind die Kleinen in den Gemeinden,
doch ohne uns geht gar nichts,
ohne uns geht's schief,
Wir sind die Hefe im Teig der Gemeinde.
Egal, was andre meinen,
wir machen mit!

4. Wir sind die Kleinen in den Gemeinden,
doch ohne uns geht gar nichts,
ohne uns geht's schief,
Wir sind der Schatz im Acker der Gemeinde.
Egal, was andre meinen,
wir machen mit!

5. Wir sind die Kleinen in den Gemeinden,
doch ohne uns geht gar nichts,
ohne uns geht's schief,
Wir sind die Kinder im Leben der Gemeinde.
Egal, was andre meinen,
wir machen mit!

„Du bist zu klein!“

Gott lädt uns alle ein

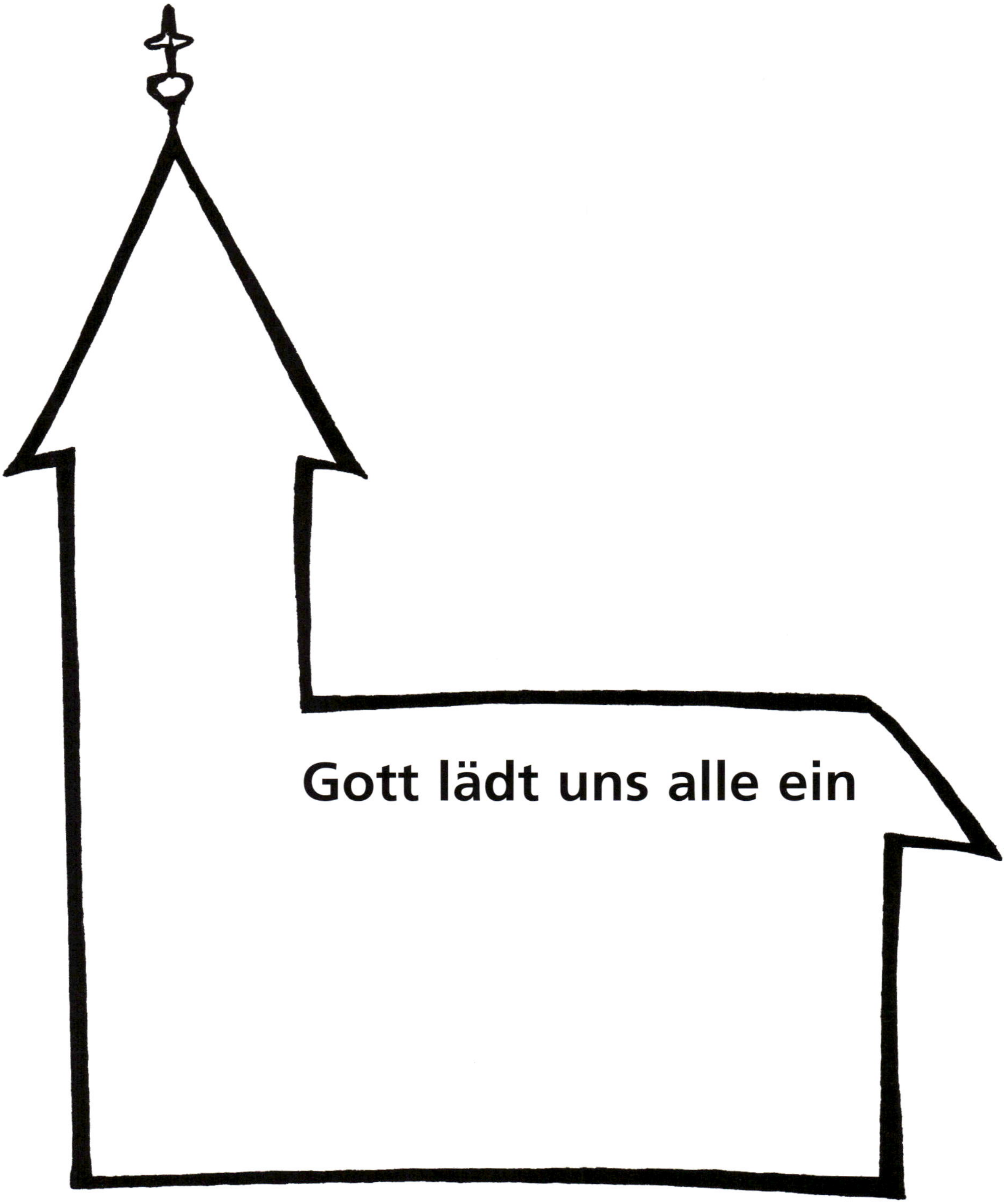

Orte der Taufe

Materialien
- Lied: „Ich will dir danken“
- blaues, rundes Tuch
- Korb mit vielen Kieselsteinen
- Kanne mit Wasser
- viele Teelichter
- Feuerzeug
- Taufkerze
- vier schwarze Stoffstreifen
- Bibel (evtl. mit Lesezeichen an den drei Bibelstellen)
- Kopien des Rätsels „Taufe kreuz und quer“
- Stifte

Methoden
- Gestaltung eines Bodenbildes
- Stille
- Hören biblischer Texte
- Gespräch

Ziele/Chancen
- Die Kinder lernen den Kirchenraum kennen und werden mit den liturgischen Orten der Taufe vertraut.
- Die Kinder werden sich bewusst, dass die liturgischen Orte jeweils eine symbolische Bedeutung besitzen und letztlich auf Christus verweisen.
- Die Kinder werden sich bewusst, dass die Taufe den Beginn ihrer Zugehörigkeit zur christlichen Gemeinde darstellt.
- Die Kinder erfahren, dass der Ritus des Bekreuzigens mit Weihwasser sie immer an ihre eigene Taufe erinnern soll.

Hinweise
- Diese Einheit findet in der Kirche statt. Die Katechetin sollte die Kinder und Eltern im Vorfeld darauf hinweisen.

Inhaltliche Einordnung
- Die Taufe vollzieht sich im Zueinander der befreienden Zuwendung Gottes zum Menschen einerseits und der bewussten Entscheidung des Menschen für Christus andererseits. Dieses Zueinander der beiden Bewegungen wird implizit in dieser Einheit erlebbar.

Ablauf der Einheit

Ich will dir danken

Die Katechetin geht mit den Kindern in die Kirche. Zu Beginn der Einheit singt sie dort mit den Kindern das Lied „Ich will dir danken" (siehe Seite 41 in: Gott lädt uns alle ein, Der Kommunionkurs. Kursbuch für Katechetinnen und Katecheten).

Mit Wasser getauft werden

Die Katechetin setzt sich mit der Gruppe in den Altarraum. Sie legt ein blaues, rundes Tuch in die Mitte und beginnt, den Rand mit Kieselsteinen zu belegen. Den Korb mit den Kieselsteinen gibt sie schweigend an das nächste Kind weiter, das ebenfalls mit dieser Tätigkeit fortfährt. Sind alle Kieselsteine um das Tuch gelegt, sollen sich die Kinder zu dem Bodenbild äußern. Evtl. muss die Katechetin zum Bild des Brunnens oder des Beckens hinleiten. Sie erarbeitet im Gespräch mit den Kindern, was ein Becken mit der Taufe zu tun hat: In den frühchristlichen Gemeinden wurden die Menschen nicht nur mit Wasser übergossen, sondern tauchten ganz im Wasser unter. Die Taufbecken erinnern an dieses Untertauchen.
Heute wird das Wasser mit einer kleinen Kanne über den Kopf des Kindes gegossen. Die Katechetin stellt die Kanne mit Wasser in den Kreis hinein.

Am Taufbecken

Die Katechetin lässt die Kinder das Taufbecken der Kirche suchen. Alle stellen sich um das Becken. Die Katechetin erläutert, was im Rahmen der Taufe am Taufbecken geschehen wird. Jedes Kind zündet ein Teelicht an und stellt es an das Taufbecken. Anschließend bittet die Katechetin ein Kind, die biblische Überlieferung der Taufe Jesu im Jordan (möglichst aus der Bibel) vorzulesen. Sie bittet die Kinder, gut zuzuhören und nach dem Vorlesen der Überlieferung zehn Sekunden Stille zu halten, um sich in der Zeit die gerade gehörte Episode im Kopf ganz genau vorzustellen.

In jenen Tagen kam Jesus aus Nazaret in Galiläa und ließ sich von Johannes im Jordan taufen. Und als er aus dem Wasser stieg, sah er, dass der Himmel sich öffnete und der Geist wie eine Taube auf ihn herabkam. Und eine Stimme aus dem Himmel sprach: Du bist mein geliebter Sohn, an dir habe ich Gefallen gefunden.
(Mk 1, 9–11)

Nach der Phase der Stille singt die Gruppe gemeinsam das eingangs bereits geübte Lied „Ich will dir danken", lässt die entzündeten Teelichter am Taufbecken weiterbrennen und geht in den Altarraum zurück.

Licht für die Welt

Die Katechetin stellt eine Taufkerze in den gelegten „Brunnen" hinein und entzündet sie. Die Kinder überlegen, was die Kerze mit der Taufe zu tun hat.
Die Katechetin erläutert, dass die Taufkerze an der Osterkerze angezündet wird als Zeichen dafür, dass Christus die Welt erleuchtet hat und dass die Getauften dieses Licht weitergeben sollen.

An der Osterkerze

Gemeinsam suchen die Kinder die Osterkerze und stellen sich dort herum. Evtl. erklärt die Katechetin die Bedeutung dieser Kerze: Sie wird in der Osternacht erstmals

entzündet; Alpha und Omega stehen als Zeichen für Christus, Anfang und Ende; die Dornen erinnern an die Wundmale Jesu; die Jahreszahl beziffert das Jahr.
Ein Kind liest den folgenden Bibeltext vor. Dabei bittet die Katechetin wieder darum, dass die Kinder nach dem Hören des Textes zehn Sekunden still sind, damit sie sich die überlieferte Szene in einem „Kino im Kopf" möglichst genau vorstellen können:

Jesus aber ging zum Ölberg. Am frühen Morgen begab er sich wieder in den Tempel. Alles Volk kam zu ihm. Er setzte sich und lehrte es. […] Als Jesus ein andermal zu ihnen redete, sagte er: Ich bin das Licht der Welt. Wer mir nachfolgt, wird nicht in der Finsternis umhergehen, sondern wird das Licht des Lebens haben.
(Joh 8,1–2.12)

Nach der Phase der Stille singt die Gruppe gemeinsam das Lied „Ich will dir danken". Jedes Kind entzündet ein Teelicht an der Osterkerze und stellt es um den gelegten Brunnen herum.

Zur Gemeinde gehören

Die Katechetin legt vier schwarze Stoffstreifen kreuzförmig von dem Brunnen aus auf den Boden. Wieder überlegen die Kinder, was das Kreuz mit der Taufe zu tun hat. Das Kreuz erinnert an Jesus Christus. Mit dem Kreuzzeichen werden alle Täuflinge vom Priester, den Eltern und den Paten bezeichnet, alle Christen machen das Kreuzzeichen in Erinnerung an Jesus.

In der Kirchenbank

Die Katechetin setzt sich mit den Kindern in eine Kirchenbank. Die Kinder sollen zunächst einmal ihre Vermutung äußern, was die Kirchenbank mit dem Kreuz und ihrer Taufe zu tun hat. Die Katechetin weist darauf hin, dass die Kirchenbank der Ort ist, wo sich diejenigen hinsetzen, die zu Jesus Christus und zur Gemeinde gehören. Wenn die Kinder getauft sind, gehören sie selbst auch zur Gemeinde.

Jedes Kind entzündet wieder ein Teelicht und stellt es vor sich auf die Kirchenbank. Dann liest ein Kind den folgenden Bibeltext vor:

So soll es in der Gemeinde bei den ersten Christen gewesen sein: Alle, die gläubig geworden waren, bildeten eine Gemeinschaft und hatten alles gemeinsam. Sie verkauften Hab und Gut und gaben davon allen, jedem so viel, wie er nötig hatte. Tag für Tag verharrten sie einmütig im Tempel, brachen in ihren Häusern das Brot und hielten miteinander Mahl in Freude und Einfalt des Herzens. Sie lobten Gott und waren beim ganzen Volk beliebt. Und der Herr fügte täglich ihrer Gemeinschaft die hinzu, die gerettet werden sollten.
(Apg 2,44–47)

Wiederum sollen sich die Kinder in einer zehnsekündigen Stille das Leben in dieser Gemeinde möglichst genau vorstellen. Nach der Stille singt die Gruppe gemeinsam das Lied „Ich will dir danken", lässt die entzündeten Teelichter an der Kirchenbank weiterbrennen und geht weiter zum Weihwasserbecken am Ausgang.

Am Weihwasserbecken

Die Katechetin zündet nun selbst ein Teelicht an und stellt es auf oder an das Weihwasserbecken. Sie weist die Kinder darauf hin, dass das Weihwasserbecken ein „kleines Taufbecken" ist und dass sich die Christen beim Betreten bzw. Verlassen der Kirche mit diesem Wasser bekreuzigen, um sich dabei an ihre Taufe zu erinnern. Anschließend geht die Katechetin mit den Kindern in den Altarraum zurück.

Taufe kreuz und quer

Zum Abschluss teilt die Katechetin das Rätsel zur Taufe aus, das die Kinder gemeinsam lösen können.

Materialien

Taufe kreuz und quer

In diesem Rätsel haben sich viele Wörter zur Taufe versteckt. Suche waagerecht und senkrecht, vorwärts und rückwärts! Folgende Wörter kannst du finden:

1. Kirche
2. Taufbecken
3. Weihwasser
4. Gemeinde
5. Osterkerze
6. Wasser
7. Taufe
8. Gemeinschaft
9. Eltern
10. Jordan
11. Johannes der Taeufer
12. Licht
13. Kreuz
14. Kreuzzeichen
15. Paten
16. Priester

										R	N	J										
										E	R	O										
										F	E	N										
										U	T	E										
										E	L	H										
									E	A	E	C	I									
							E	T	G	T	T	I	K	B	K							
						X	Z	A	D	R	K	E	P	X	Y							
						U	R	U	T	E	H	Z	M	K	U							
					U	S	E	F	U	D	R	Z	U	E	R	K	C					
C	N	E	T	A	P	I	K	B	B	S	N	U	D	W	E	F	U	A	T	N	P	K
A	B	M	Z	L	K	H	R	E	G	E	M	E	I	N	S	C	H	A	F	T	O	U
G	E	M	E	I	N	D	E	C	H	N	W	R	E	S	S	A	W	H	I	E	W	P
					O	S	T	K	L	N	L	K	Z	O	A	S	P					
						J	S	E	Z	A	I	P	M	P	W	T						
						I	O	N	E	H	C	R	I	K	V	W						
							P	H	K	O	H	I	D	R	S							
									C	J	T	E	O									
										O	D	S										
										R	T	T										
										D	Z	E										
										A	J	R										
										N	B	M										

Lösung

										R	N	J										
										E	R	O										
										F	E	N										
										U	T	E										
										E	L	H										
									E	A	E	C	I									
							E	T	G	T	T	I	K	B	K							
						X	Z	A	D	R	K	E	P	X	Y							
						U	R	U	T	E	H	Z	M	K	U							
					U	S	E	F	U	D	R	Z	U	E	R	K	C					
C	N	E	T	A	P	I	K	B	B	S	N	U	D	W	E	F	U	A	T	N	P	K
A	B	M	Z	L	K	H	R	E	G	E	M	E	I	N	S	C	H	A	F	T	O	U
G	E	M	E	I	N	D	E	C	H	N	W	R	E	S	S	A	W	H	I	E	W	P
					O	S	T	K	L	N	L	K	Z	O	A	S	P					
						J	S	E	Z	A	I	P	M	P	W	T						
						I	O	N	E	H	C	R	I	K	V	W						
							P	H	K	O	H	I	D	R	S							
									C	J	T	E	O									
										O	D	S										
										R	T	T										
										D	Z	E										
										A	J	R										
										N	B	M										

Symbole der Taufe

Materialien
- braune Tücher
- Arbeitsblatt „Mein Lebensweg"
- Stifte
- Kerze
- Lieder: „Ich will dir danken", „Geh mit uns"
- Rucksack gepackt mit Kreuz, Schale für Wasser, Taufkerze, Chrisam-Öl, Taufkleid/Taufschal
- Arbeitsblatt: „Gute Wünsche für mein Leben"
- Kreppband

Methoden
- Gespräch
- Gestaltung mit Legematerialien
- Singen
- Gebet

Ziele/Chancen
- Die Kinder lernen die Taufe als Sakrament der Stärkung für den eigenen Lebensweg kennen.
- Den Kindern werden die Symbole des Taufritus erschlossen.
- Die Kinder bekommen von anderen Kindern gute Wünsche mit auf ihren Lebensweg und erfahren so Wertschätzung und Anerkennung.

Hinweise
- Die Kinder bekommen im Rahmen dieser Katechese die Möglichkeit, Fragen im Zusammenhang mit dem Taufgottesdienst zu besprechen.

Inhaltliche Einordnung
- Die Taufe ist das erste der drei katholischen sakramentalen Feiern, mit der Menschen in die Kirche aufgenommen werden (Taufe – Firmung – Eucharistie). Der wesentliche Ritus der Taufe besteht darin, dass der Täufling in Wasser getaucht oder dass sein Kopf mit Wasser übergossen wird. Darüber hinaus gibt es aber auch die Zeichen des weißen Taufkleides, des Lichtes, des Chrisam-Öls und der Bezeichnung mit dem Kreuz.

Ablauf der Einheit

Mein Lebensweg

Die Katechetin gestaltet aus braunen Tüchern einen Weg. Sie erarbeitet im Gespräch mit den Kindern den Gedanken, dass jeder Mensch auf seinem Lebensweg unterwegs ist. Anschließend erhalten alle Kinder das Arbeitsblatt „Mein Lebensweg". Die Kinder tragen Ereignisse ihres bisherigen Lebens dort ein. Dies sollen sowohl schöne Dinge wie Eintritt in den Kindergarten, in die Schule oder das erste Fußballspiel etc. sein wie auch traurige Ereignisse wie Krankheit, Verlust eines wichtigen Menschen, Tod eines Haustieres …

Nachdem jedes Kind seinen Weg vorgestellt hat, legt es das Blatt an den Weg in die Mitte.

Unterwegs mit Jesus

Die Katechetin führt aus, dass wir glauben, auf unserem Lebensweg nicht alleine zu gehen. Wir sind unterwegs mit Gott. Gott ist bei jedem von uns. Er kennt jeden von uns und lässt niemanden allein.

Als Zeichen dafür wird die Gruppenkerze entzündet und auf den Weg gestellt.

Ich will dir danken

Lied: Gott lädt uns alle ein, in: Der Kommunionkurs. Kursbuch für Katechetinnen und Katecheten, Seite 41.

Der Lebensrucksack

Die Katechetin legt nun den Rucksack, bepackt mit Kreuz, Wasserschale, Taufkerze, Chrisam-Öl und Taufkleid/Taufschal, auf den Weg und erläutert, dass Gott möchte, dass wir gut gerüstet für unseren Lebensweg sind. Deshalb gibt er uns in der Taufe seinen Segen mit ins Marschgepäck. In dieser Gruppenstunde soll gemeinsam entdeckt werden, was Gott uns auf unserem Weg in unseren Lebensrucksack „packt".

Darauf nimmt ein Kind ein Symbol aus dem Rucksack und legt es auf den Weg.

Gemeinsam überlegt die Gruppe, was das jeweilige Symbol bedeuten kann. Nach jedem Symbol wird der Liedruf „Geh mit uns" gesungen.

Kreuz

- Das Kreuz ist das bekannteste Zeichen der Christen und gleichzeitig das Bekenntnis ihres Glaubens. Der Glaube an den Vater, den Sohn und den Geist gibt Kraft auch in schweren Situationen. Das Kreuz ist ein Zeichen, das uns erinnert, dass der Mensch unter Gottes Schutz steht.
- Bei der Taufe werden die Täuflinge mit einem Kreuzzeichen auf der Stirn in der Kirche begrüßt. Auch Eltern und Paten werden später eingeladen, ein Kreuz auf die Stirn des Täuflings zu malen.

Schale mit Wasser:

- Wasser erinnert an viele biblische Erzählungen: an Noah, der mit seiner Familie und den Tieren in der Arche der Sintflut entkommt; an Mose, der mit dem Volk Israel durch das Rote Meer aus Ägypten fliehen kann; an Jesus, der im Jordan von Johannes getauft wird; an Petrus, der von Jesus gerettet wird, als er vor lauter Angst im See Genezareth unterzugehen drohte. Wasser reinigt, erfrischt, spendet Leben.

- Bei der Taufe werden die Täuflinge mit Wasser übergossen. Dies ist Zeichen dafür, dass Gott uns von all dem reinigt, was uns an einem guten Leben hindert.

Chrisam-Öl
- Waschen und Cremen, Bad und Salbung gehören zusammen. Eine Salbung bringt die Würde und die Bedeutung eines Menschen zum Ausdruck. In der Zeit des Alten Testaments wurden Priester, Könige und Propheten gesalbt.
- Bei der Taufe werden Menschen mit Chrisam-Öl gesalbt. Das unterstreicht die Würde des Menschen und seine Zugehörigkeit zu Christus. Im Griechischen bedeutet „Christus" „der Gesalbte". Wenn bei der Taufe Menschen mit Chrisam gesalbt werden, dann heißt das: Du bist ein Mensch mit einer ganz besonderen, einmaligen Würde. Du bist ein Kind Gottes.

Weißes Kleid/weißer Segensschal
- Weiße Kleider tragen wir bei besonderen Festen und zu ganz wichtigen Anlässen. Weiß ist die Farbe der Unschuld, der Auferstehung, des Neuanfangs.
- Bei der Taufe tragen die Täuflinge ein weißes Gewand. Das erinnert daran, dass in der frühen Kirche die Getauften ein weißes Kleid trugen, um deutlich zu machen, dass mit der Taufe ein neues Leben begann.

Taufkerze
- Bei der Taufe wird die Taufkerze an der Osterkerze entzündet. Das Licht, das von Christus ausgeht, soll und kann in uns weiter leuchten. Schon im Matthäus-Evangelium heißt es: „Ihr seid das Licht der Welt!". Die brennende Kerze ist sprechendes Zeichen dafür.

Geh mit uns

Lied siehe Seite 58 in: Gott lädt uns alle ein, Der Kommunionkurs. Kursbuch für Katechetinnen und Katecheten

Gute Wünsche für mein Leben

Gott will, dass es dem Menschen gut geht. Dies feiern wir in der Taufe.
Aber auch wir können uns gute Wünsche mit auf den Weg geben. Alle bekommen die Kopie eines Rucksacks mit Kreppband auf den Rücken geklebt. Jedes Kind darf nun bei den anderen Kindern einen Wunsch für ihren Lebensweg in den Rucksack schreiben.

Wir bitten und danken

Guter Gott,
wir wollen leben, wie Jesus gelebt hat,
mit einem wachen Herz, mit helfenden Händen,
und Worten, die anderen Mut machen.

Wir wollen leben, wie Jesus gelebt hat,
lebendig und erfrischend,
und so durstlöschend wie das Wasser.

Wir wollen leben, wie Jesus gelebt hat,
leuchtend wie ein Licht,
das die Welt hell macht.

Wir wollen leben, wie Jesus gelebt hat,
als Kinder Gottes
und von Gott zu Königen Gesalbte.

Wir wollen leben, wie Jesus gelebt hat,
dass unser Leben zum Fest werde.

Dazu stärke uns der gute und barmherzige Gott,
der Vater und der Sohn und der Heilige Geist.
Amen.

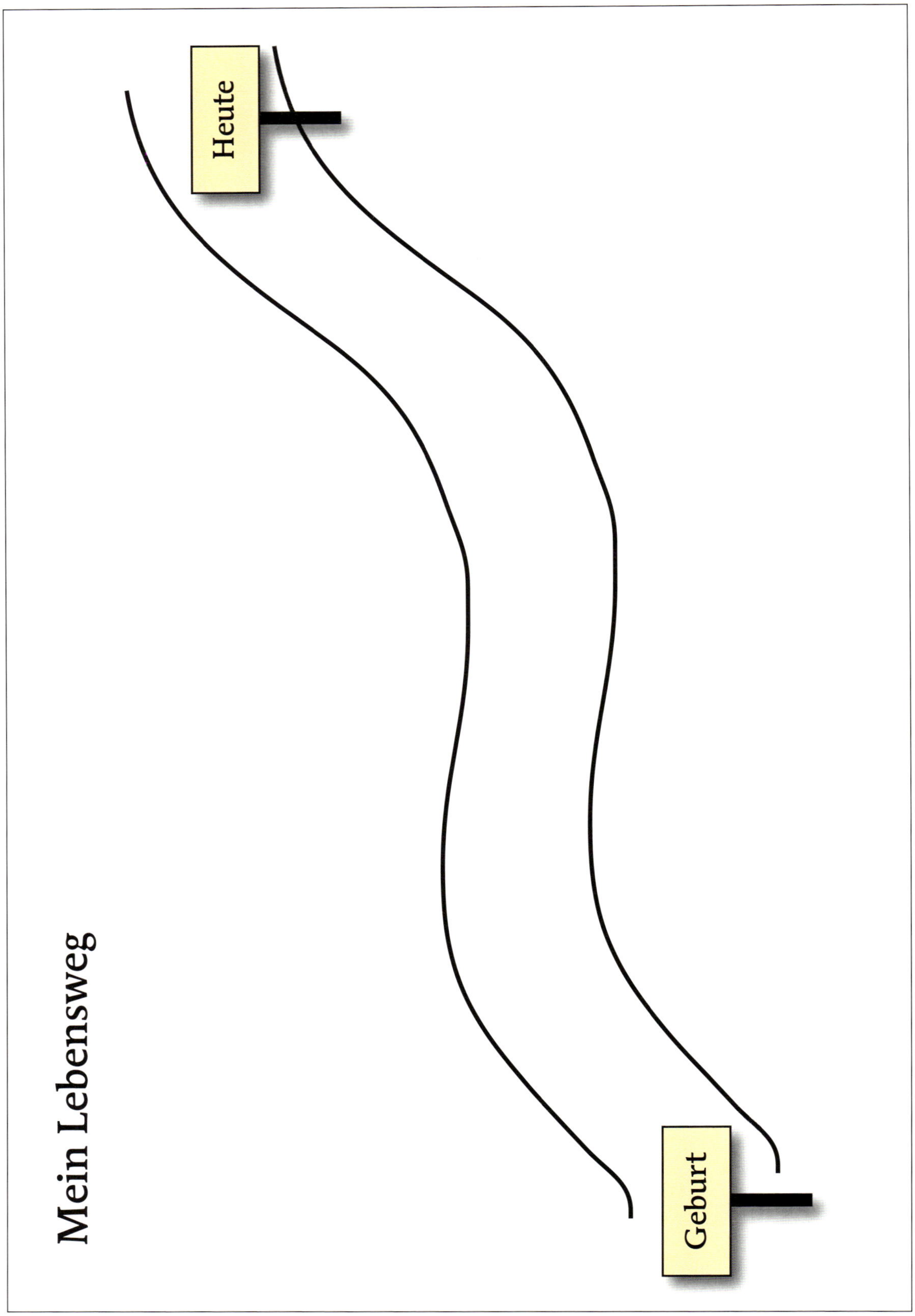
Mein Lebensweg
Heute
Geburt

Gute Wünsche für mein Leben

Gott umgibt uns mit seinem Segen

Materialien
- Karten „Zeichen der Liebe"
- Taufschal für jedes Kind (weißer Baumwollstoff, ca. 30 cm x 120 cm; dieser Stoff kann in einem normalen Stoffladen gekauft werden und wird an den Rändern umgenäht. In manchen Bistümern (z. B. Paderborn) können Taufschals kostenlos bestellt werden.)
- Stoffmalstifte bzw. -Farben
- Papier und Stift für jedes Kind
- Lieder: „Licht der Liebe", „Das wünsch ich sehr"
- Meditationsmusik
- CD-Player

Methoden
- Singen
- Gespräch
- Bildbetrachtung
- Gestaltung eines Taufschals

Ziele/Chancen
- Die Kinder lernen die Zeichenhandlungen der Taufe kennen und verstehen.
- Den Kindern wird der Ablauf der Taufe erschlossen
- Mögliche Fragen der Kinder können thematisiert und aufgegriffen werden.
- Die Kinder gestalten ein wesentliches Element ihrer Tauffeier mit.

Hinweise
- Diese Katechese eignet sich als Familienkatechese mit Eltern. Im gemeinsamen Tun erleben die beteiligten Familien konkret „Gemeinde". So weitet sich die Taufvorbereitung über die Kinder hinaus, und die Eltern werden miteinbezogen.

Inhaltliche Einordnung
- Das Überreichen und Tragen des weißen Gewandes gehört zu den ausdeutenden Riten der Taufe.
- Einerseits ist es als weißes Gewand Zeichen für die in der Taufe zugesprochene Vergebung der Sünden. Es symbolisiert somit Reinheit von Schuld. Andererseits erinnert es an die Stelle aus dem Galaterbrief: „Ihr alle, die ihr auf Christus getauft seid, habt Christus (als Gewand) angelegt"(Gal 3,27). Es macht damit deutlich, dass der Getaufte in die Nachfolge Jesu eintreten will.
- Oft hat das „Taufkleid" bei der Taufe von älteren Kindern, Jugendlichen und Erwachsenen auch die Form eines „Taufschals" (vgl.: Die Feier der Eingliederung Erwachsener in die Kirche. Grundform, Trier 2001, Nr. 263).

Ablauf der Einheit

Licht der Liebe

Lied siehe Seite 55.

Zeichen der Liebe

Die Katechetin erklärt den Kindern, dass im Taufgottesdienst viele Zeichen bzw. Zeichenhandlungen geschehen, die man als „Zeichen der Liebe Gottes zu uns" verstehen kann. Dann legt sie die Abbildungen „Zeichen der Liebe" verdeckt auf den Tisch. Nacheinander werden die Bilder umgedreht. Gemeinsam überlegt die Gruppe, was dieses Bild darstellt und inwiefern dies ein Zeichen der Liebe ist:

Kreuz
- *Zeichen der Lebenshingabe Jesu. Als Konsequenz seines Lebensstils, der radikal von der Liebe und Hinwendung zu uns Menschen geprägt war, wird Jesus zum Tod am Kreuz verurteilt. Mit seiner Auferstehung wird das Kreuz zum Siegeszeichen des Lebens über den Tod.*

Taufbecken
- *Das Wasser der Taufe erinnert daran, dass Gott alles, was uns schaden kann, von uns fernhält bzw. abwaschen möchte. Menschen, die in der Taufe mit Wasser übergossen werden, spüren, wie erfrischend und stärkend der Glaube an Gott sein kann.*

Taufkerze
- *Die Taufkerze erinnert daran, dass Jesus von sich gesagt hat: „Ich bin das Licht der Welt." Durch das Vorbild Jesu ist unsere Welt heller geworden.*
- *Darüber hinaus erinnert das Licht daran, dass Jesus auch gesagt hat: „Ihr seid das Licht der Welt." Wir können das Licht, das mit Jesus in die Welt gekommen ist, weitertragen.*

Chrisam-Öl
- *Bei der Taufe werden Menschen mit Chrisam-Öl bezeichnet. Diese Salbung erinnert daran, dass alle Menschen eine besondere Würde haben. „Gesalbter" (griechisch: Messias; lateinisch: Christus) ist einer der Ehrentitel, den die ersten Christen Jesus gegeben haben. Wenn Menschen mit Chrisam gesalbt werden, dann sagen sie damit auch, dass sie an Christus glauben und ihr Leben in seiner Nachfolge gestalten wollen.*

Taufkleid
- *Das weiße Taufkleid erinnert daran, dass Gott uns in der Taufe zu neuen Menschen macht. In der Taufe haben wir „Christus wie ein Gewand anzogen". Wer ein Taufgewand (Taufschal) überzieht, der sagt damit: Ich möchte so leben, wie es mir Jesus vorgelebt hat.*

Anschließend werden die einzelnen Zeichen in die Reihenfolge gelegt, wie sie im Taufgottesdienst vorkommen:

- Kreuzzeichen
- Taufe
- Chrisam
- Taufgewand/Taufschal
- Licht

Dabei werden auch Fragen aufgegriffen, die die Kinder im Zusammenhang mit ihrer Taufe haben.

Mein Taufschal

Die Katechetin lädt die Kinder ein, ihren eigenen Taufschal zu gestalten. Stoffmalstifte oder Stoffmalfarbe und Pinsel werden bereitgestellt. Es empfiehlt sich, dass die Kinder auf einem Blatt Papier einen Entwurf skizzieren. Die Katechetin hilft den Kindern evtl. beim Überlegen der Motive für den Segensschal. Bewährt hat sich, den

Namen und das Taufdatum auf den Schal zu schreiben. Ebenso können die in dieser Katechese besprochenen Zeichen aufgemalt werden. Denkbar ist es aber auch, Motive wie den Regenbogen (als Zeichen des Bundes Gottes mit uns Menschen) oder den Fisch (als Geheimzeichen der Christen) oder andere geeignete Symbole auf den Taufschal zu malen.
Evtl. können die Kinder auch einen geeigneten Segensspruch auf den Schal schreiben:

- Sei gesegnet im Namen des Vaters und des Sohnes und des Heiligen Geistes!
- Der Herr ist mein Hirte. Nichts wird mir fehlen.
- Er stellte ein Kind in ihre Mitte und segnete es.
- ...

Während des Malens kann meditative Musik von einer CD eingespielt werden.

Ich möchte getauft werden, weil ...

Anschließend legen die Kinder nacheinander ihre Taufschals in die Mitte und ergänzen dabei den Satz „Ich möchte getauft werden, weil ...“. Nach jeder Vorstellung wird der folgende Liedruf gesungen.

Das wünsch ich sehr

Lied siehe Seite 116 in: Gott lädt uns alle ein, Der Kommunionkurs. Kursbuch für Katechetinnen und Katecheten

Wir bitten und danken:

Guter Gott,
wir warten schon voller Freude auf das Fest unserer Taufe.
Wir glauben, dass du die Welt ins Leben gerufen hast.
Wir glauben, dass du jeden Menschen lieb hast.
Wir glauben, dass Jesus Licht in die Welt gebracht hat.
Wir glauben, dass er wie kein anderer uns gezeigt hat, wie gut du bist.
Wir glauben, dass dein heiliger Geist Menschen ermutigt,
sich für andere einzusetzen.
Wir glauben, dass der Glaube in der Gemeinschaft mit anderen uns gut tut.
Darum wollen wir getauft werden.
So segne uns,
du der Vater, der Sohn
und der Heilige Geist. Amen.

Licht der Liebe

T: Eckart Bücken, M: Detlev Jöcker, aus: Das Liederbuch zum Umhängen 1

2. Ein Licht weist den Weg,
   der zur Hoffnung führt,
   erfüllt den Tag,
   dass es jeder spürt.
   Refr.

3. Ein Licht macht uns froh,
   wir sind nicht allein.
   An jedem Ort
   wird es bei uns sein.
   Refr.

Zeichen der Liebe

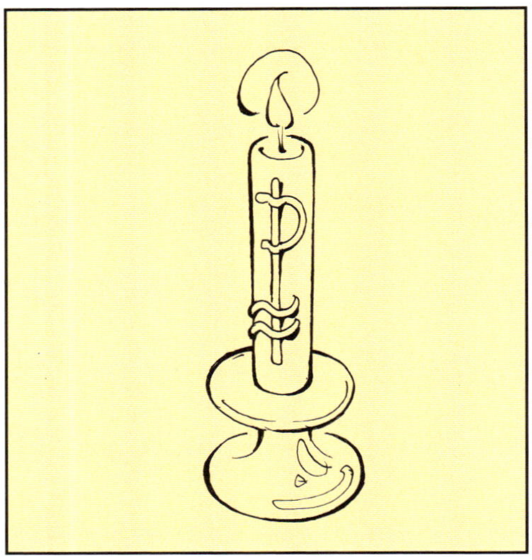